BEI GRIN MACHT SICH IHR WISSEN BEZAHLT

- Wir veröffentlichen Ihre Hausarbeit, Bachelor- und Masterarbeit

- Ihr eigenes eBook und Buch - weltweit in allen wichtigen Shops

- Verdienen Sie an jedem Verkauf

Jetzt bei www.GRIN.com hochladen und kostenlos publizieren

Markus Jansen

"Wrongful Life". Juristische Klagen bei der Geburt von Kindern mit Behinderung

GRIN Verlag

Bibliografische Information der Deutschen Nationalbibliothek:

Die Deutsche Bibliothek verzeichnet diese Publikation in der Deutschen National-
bibliografie; detaillierte bibliografische Daten sind im Internet über http://dnb.d-
nb.de/ abrufbar.

Impressum:

Copyright © 2013 GRIN Verlag GmbH
Druck und Bindung: Books on Demand GmbH, Norderstedt Germany
ISBN: 978-3-656-53553-9

Dieses Buch bei GRIN:

http://www.grin.com/de/e-book/264122/wrongful-life-juristische-klagen-bei-der-
geburt-von-kindern-mit-behinderung

RWTH Aachen Institut für Katholische Theologie Lehr- und Forschungsgebiet
Systematische Theologie

Sommersemester 2013

Ausarbeitung

zum Seminar „Die soziale, ethische und prophetische Substanz von Gesundheit, Krankheit
und Behinderung"

„Wrongful Life - Man hätte mich besser abgetrieben"

Name, Vorname: Jansen, Markus

Abgabetermin: 31. August 2013

Inhaltsverzeichnis

1 Rechtliche Grundlagen

Der Begriff „Wrongful Life"[1] entstammt dem juristischen Sprachgebrauch; er bezeichnet die Klage von Eltern behinderter Kinder bzw. der behinderten Kinder selbst gegen den behandelnden Arzt sowie das zugehörige Krankenhaus, dass die Behinderung des Fötus' während der Schwangerschaft nicht erkannt und in Folge dessen nicht abgetrieben worden ist. Gegenstand der Klage ist somit das Leben eines behinderten Menschen, der bei korrekt durchgeführten medizinischen Vorsorgeuntersuchungen während der Schwangerschaft nicht hätte leben sollen. Die rechtliche Grundlage für solche Klagen ist in jedem Land unterschiedlich, daher soll zunächst die Rechtslage in Deutschland erläutert werden. Im Anschluss wird eine Fallstudie eines „Wrongful Life"-Prozesses aus Israel vorgestellt.

1.1 Schwangerschaftsabbruch in Deutschland

Die rechtlichen Grundlagen für eine Abtreibung sind in §218-219 StGB des Strafgesetzbuches aufgeführt. Ein Schwangerschaftsabbruch ist grundsätzlich rechtswidrig. Wer einen Schwangerschaftsabbruch durchführt oder den Versuch unternimmt einen Schwangerschaftsabbruch durchzuführen, verstößt in jedem Fall gegen das Gesetz und kann mit einer Freiheitsstrafe bis zu 3 Jahren bestraft werden.[2] Die umgangssprachliche Aussage, eine Abtreibung bis zum dritten Monat verstoße nicht gegen das Gesetz, ist demnach falsch. Die Regelung für einen straffreien, allerdings nach wie vor rechtswidrigen Schwangerschaftsabbruch, ist in §218a StGB festgelegt. Der Tatbestand des §218 StGB ist somit nicht verwirklicht, wenn seit der Empfängnis nicht mehr als 12 Wochen vergangen sind, der Schwangerschaftsabbruch von einem Arzt vorgenommen wird und die Schwangere den Schwangerschaftsabbruch ausdrücklich verlangt sowie eine entsprechende Bescheinigung nach §219 Abs. 2 Satz 2 vorlegen kann. Sind diese Anforderungen erfüllt, so kann der Schwangerschaftsabbruch durchgeführt werden, ohne dass dieser strafrechtlich verfolgt wird.[3] Unter bestimmten Umständen kann sogar bis 22 Wochen nach Empfängnis und entsprechender Beratung nach §218a Abs. 4 ein Schwangerschaftsabbruch straffrei durchgeführt werden, wenn sich die Schwangere in einer Notlage befindet. Was

---

[1]In der deutschen Sprache gibt es keinen entsprechenden Begriff für diesen Ausdruck. Mögliche Übersetzungen wären etwa „mit einem Fehler behaftetes Leben" oder drastischer ausgedrückt „unerwünschtes Leben", wobei hauptsächlich die Lebensqualität des behinderten Menschen unerwünscht ist.

[2]Vgl. http://www.gesetze-im-internet.de/stgb/__218.html.

[3]Vgl. http://www.gesetze-im-internet.de/stgb/__218a.html.

1

genau als Notlage zu werten ist, wird jedoch nicht genauer definiert.[4] Allerdings gibt es noch weitere Ausnahmefälle, in denen ein Schwangerschaftsabbruch straffrei erfolgen kann; diese sind ebenfalls in §218a StGB aufgeführt. Neben der Möglichkeit, einen Schwangerschaftsabbruch bei kriminologischer Indikation nach §218a Abs. 3 StGB straffrei bis 12 Wochen nach Empfängnis (ohne vorherige Beratung) durchzuführen, ist vor allem die Ausnahmeregelung in §218a Abs. 2 StGB aus ethischer Sicht sowie für die Problematik des „Wrongful Life" besonders relevant.[5]

Nach §218a Abs. 2 StGB ist bei Gefahr für Gesundheit oder Leben der Schwangeren ein Schwangerschaftsabbruch nicht strafbar. Dies ist auch der einzige in §218a StGB aufgeführte Ausnahmefall, der aus ethischer und theologischer Sicht vollständig zu unterstützen ist. Das Leben der Schwangeren und das Leben des noch ungeborenen Kindes sind gleichwertig und in gleichem Maße schützenswert. Wenn das Leben einer Frau durch eine Schwangerschaft bedroht ist, ist es also aus ethischer Perspektive durchaus legitim, einen Schwangerschaftsabbruch durchzuführen. Allerdings ist die weitere Formulierung dieser Ausnahmeregelung aus ethischer Perspektive höchst bedenklich. Ein Schwangerschaftsabbruch ist nach §218a Abs. 2 StGB auch dann straffrei, wenn die Gefahr einer schwerwiegenden Beeinträchtigung des körperlichen oder seelischen Gesundheitszustandes bestehen.[6] Was als schwerwiegende Beeinträchtigung gilt, liegt dabei allein im Ermessensspielraum des Arztes, eine genaue Definition existiert nicht. Ein Schwangerschaftsabbruch ist im Falle von §218a Abs. 2 StGB ohne zeitliche Begrenzung straffrei möglich, das Einsetzen der Wehen ist aus medizinischen Gründen die einzige zeitliche Begrenzung.[7] Allgemein wird aber empfohlen, den Schwangerschaftsabbruch bis 22 Wochen nach Empfängnis vorzunehmen. Bei späteren Schwangerschaftsabbrüchen könnte der Fetus nach der „Frühgeburt" leben, der Arzt wäre in diesem Fall dazu verpflichtet das Leben zu erhalten.[8] Auf die daraus entstehenden ethischen Fragestellungen soll hier aber nicht weiter eingegangen werden.

Da keine genaue Eingrenzung für die potentiellen körperlichen oder seelischen Beeinträchtigungen der Schwangeren existieren, wäre aus juristischer Sicht die Abtreibung eines Fötus bis zum Einsetzen der Wehen möglich, wenn dieser vermutlich eine Behinderung haben könnte und die Mutter sich körperlich oder seelisch nicht in der Lage sieht, mit dieser potentiellen Behinderung umgehen zu können. Ob das Kind wirklich diese Behinderung haben und wie

---

[4]Vgl. http://www.gesetze-im-internet.de/stgb/__218a.html.
[5]Vgl. ebd..
[6]Vgl. ebd..
[7]Vgl. Haag/Hanhart/Müller 2011, S. 125.
[8]Vgl. ebd..

stark diese ausgeprägt sein wird ist dabei genauso zu vernachlässigen, wie die Frage nach der Beeinträchtigung der körperlichen bzw. seelischen Gesundheit der Schwangeren. Lediglich ein Arzt muss davon überzeugt sein, dass der Schwangerschaftsabbruch aus medizinischen Gründen nach §218a Abs. 2 StGB nötig ist. Diese sehr drastische Auslegung des Paragraphen ist in Deutschland bisher kaum umzusetzen, (willkürliche) Schwangerschaftsabbrüche basierend auf Vermutungen und fehleranfälligen Testergebnissen sind ethisch nicht vertretbar. Die juristischen Grundlagen für solche Schwangerschaftsabbrüche sind aber durchaus gegeben, in anderen Ländern wie z.B. Israel sind solche Schwangerschaftsabbrüche auch schon gängige Praxis.

1.2 „Wrongful Birth" und „Wrongful Life"

Die Begriffe des „Wrongful Birth" und „Wrongful Life" stehen in Verbindung mit zwei verschiedene Arten von Klagen. Bei einem „Wrongful Birth"- Prozess verklagen die Eltern eines behinderten Kindes den zuständigen Gynäkologen, der die Behinderung bei einer Vorsorgeuntersuchung nicht erkannt hat. Mit dem Wissen um die Behinderung hätten die Eltern sonst einen Schwangerschaftsabbruch in Erwägung gezogen. Gegenstand solcher Klagen sind Behandlungs- und Unterhaltskosten.[9] Bei einem „Wrongful Life"-Prozess verklagt das Kind selber den behandelnen Gynäkologen. Das Kind bzw. das Leben des Kindes ist Gegenstand solcher Klagen, eine Entschädigung für die Konsequenzen der eigenen Geburt wird eingefordert, da das Kind „leben muss" und nicht abgetrieben worden ist.[10] „Wrongful Birth"-Prozesse sind in Deutschland grundsätzlich möglich und wurden auch schon geführt, allerdings nur in sehr engen, verfassungsrechtlichen Grenzen.[11] Ein „Wrongful Life"-Prozess ist hingegen in Deutschland nicht möglich, Art. 1 GG verbietet es, das Kind selber als Schadensposten einzuordnen, ein „Wrongful Life"-Prozess würde also über unwürdiges bzw. würdiges Leben entscheiden müssen. In Übereinstimmung mit dem deutschen Bundesgerichtshof sind auch in Österreich lediglich „Wrongful Birth"-Klagen möglich. In einigen anderen Ländern sind aber auch „Wrongful Life"-Klagen zumindest nicht verboten, in den USA sowie in Frankreich wurden bereits mehrere „Wrongful Life"-Prozesse verhandelt, in Spanien, Südkorea und Südafrika ist es möglich, eine solche Klage vorzubringen; bisher wurden diese aber abgelehnt.[12]

---

[9] Vgl. Wolbring 2001, S, 90,
[10] Vgl. ebd., S. 89.
[11] Vgl. ebd., S. 90.
[12] Vgl. ebd., S. 89-91.

3

In Israel sind „Wrongful Life-„Klagen seit 1986 vom obersten Gerichtshof in Jerusalem zugelassen, seit 1987 wurden über 600 solcher Klagen verhandelt. Der oberste Gerichtshof gab in seiner Urteilsverkündung 1986 zwei Begründungen an, „Wrongful Life"-Klagen zuzulassen.[13] Die erste Begründung folgt der Auffassung, dass „ein Leben" schlechter als „kein Leben" sein kann, der Kläger also existiert und aufgrund seiner Existenz Leiden erfährt. Die zweite Begründung spricht dem Kläger das Recht auf ein gesundes Leben zu, es wird also zwischen einem behinderten und einem nichtbehinderten Leben unterschieden, ein Recht auf Nicht-Existenz wird aber nicht zugesprochen. Vertreter der „Wrongful Life"-Klagen berufen sich weiter auf das Autonomieprinzip der Mutter, sollte der behandelnde Arzt eine Behinderung übersehen, macht er sich nach Auffassung der Vertreter der Bevormundung schuldig.[14] Des Weiteren ist die rechtliche Lage zu Schwangerschaftsabbrüchen in Israel sehr verschieden von der deutschen Rechtslage. Schwangerschaftsabbrüche sind stets (kostenlos) möglich, wenn das Kind wahrscheinlich einen schwerwiegenden Defekt aufweist, unabhängig vom Zeitpunkt der Diagnose. Allerdings ist auch in Israel nicht genau definiert, ab wann ein Defekt als schwerwiegend bewertet wird, dies liegt im Ermessensspielraum des behandelnden Arztes. Bei einer entsprechenden Wahl des Arztes können daher auch keine lebensbedrohlichen Behinderungen als schwerwiegend genug eingestuft werden. Schwangerschaftsabbrüche sind in Israel grundsätzlich legal und nicht rechtswidrig.

Neben der Rechtslage ist auch der allgemeine Umgang der Bevölkerung mit Schwangerschaft und Schwangerschaftsabbrüchen in Israel anders als in Deutschland. Israelische Familien sehen sich in der Pflicht, Nachwuchs zu bekommen und gleichzeitig aus Mitgefühl mit dem Kind die Geburt behinderter Kinder zu verhindern.[15] Ein Schwangerschaftsabbruch ist somit ein nahezu alltägliches Vorgehen, um die Geburt behinderter Kinder zu vermeiden, im Gegensatz zu Deutschland ist ein Schwangerschaftsabbruch in Israel nicht negativ vorbelastet sondern gesellschaftlich akzeptiert. Diese israelische Mentalität lässt sich sowohl historisch als auch theologisch begründen. Zahlreiche Judenverfolgungen und –unterdrückungen in den letzten 3000 Jahren (sofern man die biblischen Texte auch als Geschichtsquelle zu Grunde legt) führten zum Wunsch von starkem, klugen, kräftigem und zahlreichem Nachwuchs.[16] Das Volk Israel war auf diesen Nachwuchs angewiesen um überleben zu können, eine Behinderung war somit eine direkte Bedrohung für die Gemeinschaft. Auch theologisch lassen sich Schwangerschaftsabbrüche begründen; in Gen 1,28-31 fordert Gott die Menschen dazu auf,

---

[13]Vgl. Wolbring 2001, S. 91.
[14]Vgl. ebd..
[15]Vgl. Henk 2012, S. 62.
[16]Vgl. ebd., S. 60.

aktiv seine Schöpfung zu verbessern. Somit sind Schwangerschaftsabbrüche bei Behinderungen als Verbesserung der Schöpfung zu werten und auch von Gott gewollt. Da ein Fötus nach jüdischer Lehre auch noch nicht mit der Verschmelzung von Ei- und Samenzelle ein Mensch ist, sondern erst später seine Seele und damit seine Menschlichkeit erlangt, ist ein Schwangerschaftsabbruch auch für sehr religiöse Juden unproblematisch.[17] Mittlerweile existieren in Israel mehr Kliniken für Pränataldiagnostik pro Person als in jedem anderen Land. Neben den Untersuchungen während einer Schangerschaft (Fruchtwasser- oder Blutuntersuchung bei der Schwangeren) werden auch die Eltern schon vor der Schwangerschaft auf rezessiv vererbte Krankheiten untersucht; Untersuchung und Auslese der Kinder beginnt also schon vor deren Zeugung.[18]

Aus ethischer Sichtweise ist dies natürlich sehr problematisch, impliziert es doch direkt, dass Menschen ohne Behinderung mehr wert sind als Menschen mit Behinderung. Dies ist mit der allgemeinen Menschenwürde unvereinbar und ist somit nicht akzeptabel. In Deutschland ist diese Diskussion bisher noch nicht denkbar, das Grundgesetz schützt vor „Wrongful Life"-Prozessen; schützt sowohl die Ärzte vor Schadensersatzforderungen als auch die Kinder, die sich sonst der Frage stellen müssen, ob sie ihr eigenes Leben lieber nicht leben würden und man sie doch besser hätte abtreiben sollen.

2 Fallstudie Yanir Schlussel

> Gegen Ende des Jahres 1991 wurde Irit Schlussel, 36 und Mutter von 3 Kindern, schwanger. Jahre später wird sie öffentlich vor Gericht aussagen, dass sie die dadurch entstandenen Zwillinge lieber abgetrieben hätte als ein behindertes Kind zur Welt zu bringen.

Yanir Schlussel wurde am 28. August 1992 in Tel-Aviv als Sohn von Irit und Shimshon Schlussel geboren. Seine Mutter hatte zu diesem Zeitpunkt bereits 3 gesunde Kinder zur Welt gebracht, hatte für ihre vierte Schwangerschaft eine sorgfältige Schwangerschaftsvorbereitung und unterzog sich monatlich einer Untersuchung im Krankenhaus von Tel-Aviv. Erst bei Yanirs Geburt wird aber bemerkt, dass Yanirs Blase außerhalb des Körpers liegt, fehlgebildet und

---

[17]Vgl. Hollenbach 2011; Zinkant 2009.
[18]Vgl. Henk 2012, S. 60.

somit nicht nutzbar ist.[19] Sofort nach der Entbindung wird der neugeborene Yanir von Tel-Aviv nach Jerusalem verlegt, ein mehrwöchiger Klinikaufenthalt sowie mehrere urologische Operationen folgen. Yanir leidet an einer Blasenekstrophie, einer angeborenen Missbildung, bei der die Blase sowie die äußeren Genitalien und Teile der Bauchdecke nicht komplett ausgebildet sind.[20] Diese Missbildung ist sehr selten und tritt lediglich bei 1 von 30.000 Menschen auf.[21] Eine Schädigung der äußeren Geschlechtsorgane sind häufig eine Folge, zusätzlich müssen ein kosmetisch annehmbarer und funktionstüchtiger Penis bei Jungen sowie die äußeren Genitalien bei Mädchen aufgebaut werden.[22] Weitere Operationen zum Erreichen der Harnkontinenz und zur Erhaltung der Nierenfunktion sind nötig, somit ist Yanirs Kindheit von zahlreichen Krankenhausaufenthalten geprägt. Die alltäglichen Probleme seiner Blasenekstrophie führen mit der Zeit auch zu psychischen Problemen; Kommentare seiner Mitschüler führen zu einem verringerten Selbstbewusstsein, ebenso seine Unsicherheit und Angst im Umgang mit Frauen.[23]

1997 erfährt Irit Schlussel während eines Krankenhausaufenthaltes vom Vater eines anderen behinderten Kindes von der Möglichkeit zu klagen; da Irit ein behindertes Kind habe, würde das als Grund ausreichen. Somit verklagen einerseits Irit und Shimshon Schlussel das Kaplan-Hospital und die allgemeine Krankenkasse auf Schadensersatz in einem „Wrongful Birth"-Prozess, andererseits tritt Yanir selbst als Kläger gegen das Kaplan-Hospital und die allgemeine Krankenkasse in einem „Wrongful Life"-Prozess auf.[24] Der darauf folgende Rechtsstreit zog sich über mehrere Jahre hin und wurde als Fall 5222/03 vor Gericht verhandelt. Auf beiden Seiten wurden mehrere Gutachten diverser Fachärzte angefertigt, um Yanirs Probleme im Alltag beweisen bzw. widerlegen zu können, Privatdetektive sollten Yanir nachstellen, um Familie Schlussel des Betruges bezichtigen zu können. Trotz aller Arbeit sind sämtliche Gutachten eigentlich vor Gericht wertlos, da letztendlich die Glaubwürdigkeit der Mutter Irit sowie die Glaubwürdigkeit Yanirs entscheidet. Vor Gericht muss Irit glaubhaft nachweisen, dass sie bei Kenntnis der Behinderung einen Schangerschaftsabbruch vorgenommen und sowohl Yanir als auch seinen gesunden Zwillingsbruder abgetrieben hätte. Yanir muss zusätzlich glaubhaft nachweisen, dass sein Leben als Yanir so qualvoll ist, dass es nicht als lebenswertes Leben angesehen werden kann.[25]

---

[19] Vgl. Henk 2012, S. 56.
[20] Vgl. klinikum.uni-heidelberg.de/Missbildungen-der-Harnblase-und-der-vorderen-Bauchwand.108326.0.html.
[21] Vgl. Haag/Hanhart/Müller 2011, S. 321.
[22] Vgl. klinikum.uni-heidelberg.de/Missbildungen-der-Harnblase-und-der-vorderen-Bauchwand.108326.0.html.
[23] Vgl. Henk 2012, S. 58-59.
[24] Vgl. ebd., S. 59.
[25] Vgl. ebd., S. 62-63.

Diese Aussage zu tätigen bzw. die damit verbundenen Fragen zu beantworten, ist weder mit der christlichen Ethik noch rational-juristischen Grundsätzen vereinbar. Besondere Brisanz erfährt die Aussage von Irit Schlussel dadurch, dass sie bei Kenntnis von Yanirs Behinderung auch Yanirs gesunden Zwillingsbruder abgetrieben hätte.[26] Die Behinderung Yanirs hätte somit die Existenz seines gesunden Bruders verhindert. Aber auch juristisch sind solche Aussagen nicht haltbar. Eine Beurteilung ob ein Schwangerschaftsabbruch für ein behindertes Kind besser ist als mit der Behinderung zu leben, ist nicht möglich, Informationen über die Qualität des „Nicht-Seins" existieren nicht. Das Ziel solcher Prozesse ist aber auch nicht die ethische Diskussion um dieses Thema, letztendlich sind es rein finanzielle Aspekte, wegen derer diese Prozesse geführt werden.

Familie Schlussel werden im Fall 5222/03 insgesamt 4.550.000 Schekel, umgerechnet entspricht dies ungefähr 950.000 €, zugesprochen. Die Schadensersatzzahlungen gehören zu den höchsten, die in so einem Fall je gezahlt worden sind.[27] Davon fallen 1.600.000 Schekel auf Posten wie Verdienstausgleich für Yanir, Kosten für ärztliche Konsultationen, Operationen, psychologische Behandlungen und andere, in Zahlen messbare Benachteiligungen. Inwiefern die Zahlung eines Verdienstausgleiches sinnvoll ist, muss juristisch noch entschieden werden. Wäre Yanir aufgrund eines Schwangerschaftsabbruchs nicht geboren worden, hätte er auch keinen Beruf ergreifen und Geld verdienen können.[28] Die restlichen 2.900.000 Schekel gehören zu Kostenpunkten, die eigentlich nicht bemessen werden können. Neben je 200.000 Schekel als Kompensation für die Leiden und Schmerzen der Mutter bzw. des Vaters erhält Yanir 750.000 Schekel als Kompensation für den Verlust seiner Lebensfreude sowie 1.800.000 Schekel als Kompensation für die eigene Geburt.[29] Dass die vor Gericht getätigten Aussagen nicht so wörtlich zu verstehen sind wie sie formuliert wurden, dass eine Nicht-Existenz der Existenz als Yanir vorzuziehen ist, ist anzunehmen; es wird von Yanir auch selber nach Prozessende bestätigt. Das Leben als Yanir scheint also doch besser als kein Leben zu sein, beurteilen kann dies aber nur Yanir.[30] Ein Gericht ist nicht in der Lage zu entscheiden, ob eine Existenz ist lebenswert oder nicht. Die jedem Mensch zugesagte Menschenwürde verbietet es auch, die Lebensfreude und den Wert eines Menschen in Zahlen zu bemessen; dies betrifft vor allem die letzten Kostenpunkte des Urteils. Ethische Grundsätze werden bei den „Wrongful Life"-Prozessen also außer Acht gelassen, das Leben eines Menschen bzw. der Wert dieses Lebens als Gegenstand einer Klage abstrahiert, um es in Zahlen ausdrücken zu können und

---

[26] Vgl. Henk 2012, S. 63-64.
[27] Vgl. ebd., S. 64.
[28] Vgl. ebd., S. 56.
[29] Vgl. ebd., S. 64.
[30] Vgl. ebd., S. 66.

somit entmenschlicht. Der Mensch wird nicht mehr als Individuum betrachtet, er verkommt zu einem Objekt mit verschiedenen Eigenschaften und Fähigkeiten, welche einzeln bemessen werden können; der Mensch als Maschine ist in diesen Prozessen durchaus denkbar.

Die eigentliche Schuldfrage wird vom Urteil in Fall 5222/03 nicht beantwortet.[31] Die Kompensationszahlungen sind vom Kaplan Krankenhaus, den behandelnden Ärzten und der allgemeinen Krankenkasse zu leisten. Wer aber für die Blasenekstrophie verantwortlich ist, wird und kann wahrscheinlich auch nicht geklärt werden. Das Auftreten einer Erbkrankheit ist dem behandelnden Gynäkologen nicht anzulasten, die Tatsache dass die Behinderung im Vorfeld nicht erkannt und den Eltern mitgeteilt wurde, ist im Fall Yanirs auf einen Softwarefehler eines schlecht angepassten Ultraschalldiagnostikgeräts zurückzuführen. Während der zahlreichen Voruntersuchungen wurde der Fötus nicht auf Missbildungen untersucht, ein entsprechender Vermerk auf dem Ausdruck fehlte und ermöglichte somit die Klage.[32] Aber auch wenn möglicherweise ein Softwareprogrammierer oder Übersetzer im Ausland als Auslöser für diesen Prozess identifiziert werden könnte, so trägt er keine Schuld an Yanirs Behinderung. Ebensowenig sollte man den behandelnden Arzt alleine verantwortlich machen; im schlimmsten Fall werden Ärzte sonst in Zukunft keine verbindlichen Aussagen mehr machen wollen, keine erfolgversprechenden Behandlungen durchführen, wenn diese ein Restrisiko beinhalten, um keine Fehler zu machen, für die sie belangt werden könnten. Ein Arzt würde demnach auch als Maschine agieren und fest vorgeschriebene Wege beschreiten, jeder Schritt abseits der Vorgaben könnte sonst als Fehler ausgelegt werden. Da ein Arzt auch ein Mensch ist, werden Ärzte keine Fehlerquote von 0% erreichen können. Diese Prozesse verlangen aber gerade solch eine Fehlerquote von den behandelnden Ärzten. Eine solche Entwicklung ist sicher nicht wünschenswert.

Seit dem 28.05.2012 werden in Israel keine „Wrongful Life"-Prozesse mehr angenommen; der oberste Gerichtshof hat einstimmig sein Urteil von 1986 revidiert, es sind somit lediglich noch „Wrongful Birth"-Prozesse möglich. Sowohl Gegner als auch Befürworter interpretieren das neue Urteil als Sieg; der oberste Gerichtshof vertritt die Ansicht, dass das Leben eines Menschen nicht in Geld bemessen werden kann, andererseits können die Eltern weiterhin vor Gericht klagen und Schadensersatzforderungen stellen.[33] Das Streben nach dem perfekten Baby wird von dem Urteil wahrscheinlich nicht beeinflusst werden.

---

[31] Vgl. Henk 2012, S. 64.
[32] Vgl. ebd., S. 66.
[33] Vgl. ebd., S. 66.

3 Literaturverzeichnis

Haag, P./Hanhart, N./Müller, M. (2011): Gynäkologie und Urologie für Studium und Praxis. 5. Aufl., Breisach: Medizinische Verlags- und Informationsdienste.

Henk, M. (2012): Ein ungewolltes Leben. In: Geo, 10/2012, S.56-66.

Hollenbach, M. (2011): Wann beginnt menschliches Leben? Die Haltungen der Weltreligionen im Vergleich. (02.04.2011). <http://www.dradio.de/dkultur/sendungen/religionen/1426602/> (aufgerufen am 24.08.2013).

Missbildungen der Harnblase und der vorderen Bauchwand. Blasenekstrophie. Informationen des Universitätsklinikum Heidelberg <http://www.klinikum.uni-heidelberg.de/Missbildungen-der-Harnblase-und-der-vorderen-Bauchwand.108326.0.html> (aufgerufen am 24.08.2013).

Wolbring, G. (2001): Gutachten zu den Folgen der Anwendung genetischer Diagnostik für behinderte Menschen erstellt im Auftrag der Enquete-Kommission des Deutschen Bundestags „Recht und Ethik der modernen Medizin".

Zinkant, K. (2009): Stammzellen. Im Unterholz der Argumente. (01.10.2009). <http://www.zeit.de/online/2008/04/stammzellgesetz-debatte-kommentar/komplettansicht> (aufgerufen am 24.08.2013).

Strafgesetzbuch (StGB) der Bundesrepublik Deutschland, online zur Verfügung gestellt durch das Bundesministerium der Justiz in Zusammenarbeit mit der juris GmbH. <http://www.gesetze-im-internet.de/stgb/> (aufgerufen am 24.08.2013).